SACRIFICIO:
El Ingrediente Que Falta De La Vida Abundante

Matias Rojas

Copyright © 2023 by Matias Rojas

ISBN - 9798387836077

Plataforma de publicación independiente CreateSpace

Ministerio Internacional MORE
Evangelista Matias Rojas
1 Main St. Terryville, CT 06786

https://www.miministries.org

Las Escrituras están tomadas de la versión RVA1960.

Dedicación

*Dedico este libro a mi amada esposa, Lydia.
Eres un ejemplo tan claro de una persona dispuesta a dejar tu zona de confort por una vida de sacrificio.
¡Gracias por decir sí a casarte conmigo y apoyarme en el ministerio al que Dios nos ha llamado!
Todos tus sacrificios no han sido pasados por alto por tu Dios ni por tu esposo agradecido!*

Contenido

Dedicación ...3

Introducción ...7

1. La Historia Del Sacrificio ...11

2. Los Conocidos Del Sacrificio ...14

3. ¿Qué es Sacrificio? ...16

4. ¿Por Qué Debo Sacrificarme? ...20

5. Los Resultados Del Sacrificios ...24

6. El Último Sacrificio ...33

7. ¿Cuál Debe Ser Nuestro Sacrificio? ...38

8. El Tamaño De Tu Sacrificio ...48

Sobre El Autor ...58

Introducción

Jesus dijo que... *"El ladrón no viene sino para hurtar y matar y destruir."* Luego declaró con denuedo, *"Yo he venido para que tengan vida, y para que la tengan en abundancia."* (Juan 10:10) Entonces, ¿por qué tantos del pueblo de Dios aún no han encontrado esa "vida abundante" que Cristo nos prometió tan claramente? Si tratamos de hornear un pastel y nos olvidamos de agregar uno de sus ingredientes vitales, no saldrá bien. No podemos darnos el lujo de descuidar el ingrediente vital del sacrificio.

Han pasado catorce años desde que escribí este libro. Mirando hacia atrás ahora, sé por qué el Señor no me hizo publicarlo en ese entonces. Ahora puedo hablarles desde un lugar no solo de teología, sino de resultados personales. Cuando Dios me dio esta revelación, yo era joven e inexperto, pero tenía pasión en mi corazón durante un ayuno prolongado. Cada palabra que vas a leer en este libro fluyó de mi espíritu. Sabía que iba a ser por un tiempo en que el pueblo de Dios iba a estar en busca de lo sobrenatural; como yo hace catorce años atrás. Creo que ahora es el momento. El mundo está en caos. Las naciones están en desorden y las familias tienen miedo. La única respuesta a todo eso es el poder vivo de Dios y la vida abundante que Cristo ofrece. Eso solo se puede demostrar a través de una persona que está dispuesta a sacrificar todo para ver el todo de Dios manifestado en su vida.

Te prometo que las páginas que vas a leer transformarán tu mente, cambiarán tu corazón y encenderán tu espíritu. Si estás dispuesto a pasar por el proceso por el que Dios desea hacerte pasar, puedo decirte que producirá resultados extraordinarios. Estoy hablando desde un lugar de experiencia.

Cuando escribí este libro, mi ministerio apenas comenzaba. No sabía todos los viajes emocionantes que me esperaban, pero decidí que, si quería ver el todo de Dios, tendría que darle todo. Puedo advertirte que ha sido mucho mejor de lo que creía haber sacrificado. El sacrificio es la única manera de llegar a donde Dios quiere llevarnos. Lee atentamente las páginas de este libro. Analícenlos y mediten sobre ellos porque sostienen el principio de la verdadera grandeza. La pregunta es: ¿Estás dispuesto a hacer lo que sea necesario para ver salir la grandeza que Dios ha puesto dentro de ti?

Evangelista Matias Rojas

1
La Historia Del Sacrificio

Entonces habló Isaac a Abraham su padre, y dijo: Padre mío. Y él respondió: Heme aquí, mi hijo. Y él dijo: He aquí el fuego y la leña; mas ¿dónde está el cordero para el holocausto? (Genesis 22:7)

¿Qué tienen en común un alumno distinguido en una clase y un gran maestro en una escuela? Entienden la palabra "sacrificio". Mira a los que han venido antes que nosotros, los que han obtenido el éxito.:

- ¿Qué convirtió a Michael Jordan en el mejor jugador de baloncesto que jamás haya jugado este deporte?

- ¿Qué convirtió a Bill Gates en el mayor genio de las computadoras?

- ¿Qué le dio a Henry Ford su genio con el motor de un automóvil?

Todos entendieron "sacrificio."

- ¿Qué hace que un estudiante pase por Harvard y al final esté sonriendo y la gente aplaudiendo su nombre porque ha terminado su doctorado en una de las mejores universidades del mundo?

- ¿Qué impulsa a un joven a pasar del sistema de ligas menores a las Grandes Ligas para ser parte de los pocos que tienen la oportunidad de jugar a nivel profesional cuando hay tantos tratando de lograrlo?

La respuesta: ambos individuos entienden el sacrificio. Lo que hace que un escritor se quede días sin pasar tiempo con su familia, encerrado en una habitación, sin nadie con quien hablar, como Og

Mandino y John Bunyan que escribieron dos de los mejores libros que el mundo haya visto (*El Mejor Vendedor Del Mundo* y *El Progreso Del Peregrino*). Estos dos escritores entendieron el sacrificio.

Ya ves, el sacrificio tiene alumnos. Los alumnos del sacrificio son estos que os he mencionado. Se han convertido en estudiantes del sacrificio. Pero por alguna razón, cuando se trata de la iglesia del Dios Todopoderoso, deseamos ver el éxito sin agregar este componente a nuestra fórmula. Deseamos alcanzar grandeza para el reino de Dios sin que este componente sea el cimiento de nuestro edificio. El mundo, en cambio, entiende que no se puede obtener grandeza sin sacrificio. A veces los mayordomos injustos se comportan más sabiamente que el pueblo de Dios:

Jesus dijo, "Y alabó el amo al mayordomo malo por haber hecho sagazmente; porque los hijos de este siglo son más sagaces en el trato con sus semejantes que los hijos de luz." (Lucas 16:8)

2
Los Conocidos Del Sacrificio

El sacrificio tiene conocidos. Tiene amigos y aquellos que se familiarizan y se han acercado a él. Los conocidos del sacrificio son los hombres que crecieron pobres, pero ahora son ricos. Hay reyes, reinas, nobles, hombres de gran estatura y sabiduría que lo han hecho de abajo hacia arriba; personas que han subido la escalera de la dificultad. Ya ves, los conocidos del sacrificio son aquellos que estaban llorando, pero ahora están llenos de alegría. Son los que ahora pueden ver bien, pero antes eran ciegos; aquellos que estaban encerrados, pero ahora pueden correr libres. Los grandes son los conocidos del sacrificio. La élite es aquellos que lo han dejado todo para ganarlo todo, aquellos que están dispuestos a hacer de este proverbio parte de su vida, no solo intelectualmente, sino personalmente:

Quien desee ganar algo que nadie más ha obtenido tiene que hacer cosas que nadie más ha hecho.

Tienen que sacrificarse y pagar el precio. Esta palabra no es extraña a la iglesia, aunque ya no se practica con tanta frecuencia. Ya ves, la iglesia ha sido edificada sobre la sangre de los mártires. Su fundamento es la sangre de aquellos que estuvieron dispuestos a sacrificarse para que el mensaje de Cristo se extendiera por toda la tierra. Estaban dispuestos a dejar casas, esposas, hijos, padres o madres para poder ver y probar el dulce final del sacrificio.

Esto ha sido cierto para todos los grandes a lo largo de las Escrituras ya lo largo de la historia de la iglesia; todos los gigantes espirituales. La razón por la que leemos acerca de ellos hoy es que estaban familiarizados con el sacrificio:

- John Wesley sacudió las naciones para Jesús a través del sacrificio.

- Charles Spurgeon predicó fielmente en Inglaterra durante décadas y sacudió sus cimientos a través del sacrificio.

- John Bunyan hizo lo mismo con el mismo ingrediente: sacrificio.

- D.L. Moody predicó a continentes enteros y los sacudió para Jesús a través del sacrificio.

Estos son los conocidos y los testigos que, aunque muertos, todavía nos hablan hoy. Sus voces resuenan a través de los siglos. Aquellos dispuestos a sacrificarse. Aunque es duro, da una cosecha. Aunque muchos la rechacen, los que se aferran a ella comerán de su fruto.

3
¿Qué es Sacrificio?

Muchos han preguntado, "¿Qué es el sacrificio?" Sacrificio es perseverar en medio de la oposición. Creer en medio de la duda. Estar solo en medio de la multitud. Mantener la concentración en medio de la distracción. Es dar lo mejor de ti en medio de todos los demás ofreciendo lo peor. Creo que la iglesia ha olvidado lo que es un verdadero sacrificio. No ha ofrecido a Dios lo mejor sino dándole ofrendas mediocres. Le hemos traído ovejas con defectos y machos cabríos manchados e inmundos. Le hemos traído bueyes ciegos. Le hemos dado una ofrenda rota porque nos hemos olvidado de lo que es una verdadera ofrenda. A menos que comprendamos que Dios no puede recibir una ofrenda rota, no obtendremos la recompensa que proviene del sacrificio. Dios no es bendecido por ofrendas y sacrificios mediocres.

Si ofrecéis los ciegos en sacrificio, ¿no es malo? y si ofrecéis cojos y enfermos, ¿no es malo? ofrécelo ahora a tu gobernador; ¿Se complacerá contigo o aceptará tu persona? dice el Señor de los ejércitos. (Malaquías 1:8)

No podéis darle a Dios vuestras débiles devociones. No puedes traer a Dios alabanzas débiles y sacrificios distorsionados. ¿Por qué? Porque no solo la majestad de Dios exige que des tu mejor sacrificio, sino que la posición de Dios merece que le demos lo mejor de nosotros en todo. Porque Dios es alto y nosotros somos bajos.

Porque Jehová es excelso, y atiende al humilde,
Mas al altivo mira de lejos. (Salmos 138:6)

Él es brillante, perfecto en sabiduría, perfecto en santidad, perfecto en justicia, perfecto en misericordia, en longanimidad, en amor, en justicia, inminente, soberano, omnipotente, omnipresente, omnisciente y perfecto en bondad. Dios mismo nos ha dado ejemplo de que no se puede dar un sacrificio mediocre. Como sois Sus hijos, tenéis la capacidad de dar un buen sacrificio porque vuestro Padre celestial dio Su mejor sacrificio por vosotros, Jesucristo.

> Porque de tal manera amó Dios al mundo, que ha dado a su Hijo unigénito, para que todo aquel que en él cree, no se pierda, más tenga vida eterna. (Juan 3:16)

Dios buscó en todo el cielo el mejor sacrificio para redimirnos a ti ya mí. Él dio el mejor sacrificio, y es por eso por lo que Dios dice en Su palabra que la regla de oro es hacer a los demás lo que te gustaría que te hicieran a ti. (Lucas 6:31) Dios dio lo mejor de sí para que ahora podamos dar lo mejor de nosotros; Nada más y nada menos.

4
¿Por Qué Debo Sacrificarme?

Muchos han hecho la pregunta, "¿Por qué debo sacrificarme?" Claramente, muestran que no entienden el fruto del sacrificio. No entienden que quien se sacrifica inevitablemente ganará algo. Busque en nuestra historia o en la Biblia y verá que nadie ha dado un sacrificio y no ha ganado nada. Está en contra de la naturaleza misma de Dios recibir y no dar. Es contra la naturaleza sembrar en la tierra y no cosechar. Claramente, la Escritura dice en Gálatas 6:7-8:

> No os engañéis; Dios no puede ser burlado: pues todo lo que el hombre sembrare, eso también segará. Porque el que siembra para su carne, de la carne segará corrupción; más el que siembra para el Espíritu, del Espíritu segará vida eterna.
>
> Esto muestra claramente que quien se sacrifica

ganará, aunque sea un poco. La razón por la que debes sacrificarte es porque es el puente hacia el éxito que toda alma hambrienta que quiera ver el éxito debe cruzar. El sacrificio es la puerta de entrada al propósito y al cumplimiento de tu destino.

El sacrificio es para el éxito de un hombre...

- lo que es el sol al día,

- lo que es el agua para el océano,

- lo que son las estrellas y la luna para la noche,

- lo que son los ojos para la visión,

- los oídos al oído,

- lo que son las manos al tacto,

- lo que el corazón es para el cuerpo,
- la sangre al corazón,
- las células a la sangre,
- ¡y el oxígeno a las células!

Eso es el sacrificio para el éxito de un hombre. Es el motor del automóvil, las alas del águila y las escamas y las aletas del pez. Es esencial para el éxito de uno que se sacrifique. Por eso debemos sacrificarnos. No puedes mover una roca que está en tu camino sin usar algún tipo de fuerza. No puedes apartar el fracaso de tu camino sin sacrificio. Por eso debemos sacrificarnos. Parece que todos los que nos rodean saben esto, excepto la gente en la iglesia. Parece que todos los que nos rodean entienden esto, pero lo ignoramos. Parece que todos a nuestro alrededor están entrando, pero los santos de Dios se quedan afuera. Parece que todos los que nos rodean se alimentan de él, pero nos morimos de hambre. Parece que todos los que nos rodean lo miran, pero nos negamos a verlo. Parece que todos a nuestro alrededor están escuchando esta melodía, pero continuamos con nuestra vieja canción. Parece que el mundo lo entiende y va siguiendo sus huellas y siendo conducido a lugares altos, mientras nosotros nos quedamos abajo. Parece que el mundo lo entiende y está cruzando océanos sin ahogarse, mientras nosotros nos quedamos al borde del océano.

¡Iglesia, debemos ser despertados! Debemos entender que esta verdad no está escondida en algún lugar secreto, sino que siempre ha estado en las páginas de la Palabra de Dios. Siempre ha sido usado por grandes hombres y mujeres de Dios a lo largo de los siglos y ha movido el reino de Jesús. ¡DESPIERTATE! Sacúdete del lecho de la complacencia, lávate y vístete de sacrificio. Esté dispuesto a hacer un cambio.

5
Los Resultados Del Sacrificio

¿Aún no hemos entendido que, como iglesia en el siglo 21, cuando repasamos las páginas de la Biblia los resultados del sacrificio son evidentes en cada uno de los grandes personajes que Dios usó para su gloria? Fueron usados como tipos y ejemplos del que había de venir y Su último sacrificio. Es imposible alcanzar el éxito sin hacer los cambios necesarios a través del sacrificio. Si el cuerpo de Cristo no se sacrifica, entonces ningún cambio impactante vendrá a la iglesia o a través de la iglesia. No habrá agitación del Espíritu, ni agitación de los dones, ni fuego desde el púlpito, ni fuego en los bancos, ni un gran despertar, ni grandes moveres de Dios. Nada sucederá hasta que obtengamos este principio en nuestro espíritu, alma y cuerpo. Este principio debe quedar grabado en nuestros corazones.

La vida de Enoc en el libro del Génesis, quien fue un hombre de sacrificio, nos declara a todos: "He caminado con Dios y ahora clamo a ti y digo que el sacrificio me dio la capacidad de ser llevado hasta el Padre sin siquiera morir." La voz de Noé nos clama diciendo: "El sacrificio te ayudará a crear algo que nunca antes habías visto o que ni siquiera tienes la habilidad natural de manejar", como en el caso del bote que construyó para rescatar a los animales y salvar La raza humana.

La voz de Abraham clama: "Dejé mi casa y me fui a una tierra extraña, buscando esa Ciudad celestial cuyo Arquitecto y Hacedor es Dios", y hasta el día de hoy leemos acerca de él siendo el padre de muchas naciones.

La voz de Jacob clama: "He sacrificado veinte años de mi vida bajo duros trabajos para conseguir la esposa que deseo y amo", y debido a este sacrificio, hoy lo conocemos como el padre de las doce tribus de Israel.

Si no Jacob, ciertamente a ti clama José, que sacrificado siendo vendido por sus hermanos, aunque era inocente y no había hecho mal alguno. Fue vendido como esclavo a los ismaelitas. Permaneció justo y piadoso en medio de un pueblo pervertido y corrupto. Soportó trabajos forzados y trabajó bajo Potifar y Faraón para convertirse en el Primer Ministro de Egipto.

Los resultados del sacrificio ahora se ven a través de los padres de Moisés. Estaban dispuestos a sacrificar sus vidas y ocultar a Moisés durante tres meses. Al hacerlo, salvaron a Aquel que se convertiría en el libertador de su pueblo en Egipto.

Seguramente Moisés clama a ti. Estaba dispuesto a sacrificar las riquezas de Egipto. *"Teniendo por mayores riquezas el vituperio de Cristo que los tesoros de los egipcios; porque tenía puesta la mirada en el galardón."* (Hebreos 11:26) Sacrificó su posición en Egipto como príncipe y heredero al trono. Sacrificó su prosperidad, sus riquezas, su influencia, su respeto y su dignidad. ¿Cuáles fueron los resultados de este sacrificio? En lugar de Egipto, tenía el cielo respaldándolo. En lugar de ser reconocido por Faraón, fue reconocido por Dios. En lugar de influir en algunas de las regiones de Egipto, tuvo influencia en el cielo con Dios, quien prestó atención a su voz y respondió a sus oraciones. En lugar de moverse con el dinero de Egipto, ahora se mueve con la vara de Dios.

Moisés seguramente comió el dulce fruto del

Los Resultados Del Sacrificio

sacrificio. Toda la posición y el dinero en Egipto nunca podrían haberle dado lo que hizo el sacrificio. ¿Podría el dinero de Egipto abrir el Mar Rojo? No, pero el sacrificio sí. ¿Podrá el dinero de Egipto hacer llover maná del cielo? No, pero el sacrificio sí. ¿Podrá ese dinero hacer salir agua de la piedra, o hacer dulce esa agua amarga? ¿Podría ese dinero hacer brillar su rostro hasta el punto de que los hijos de Israel no pudieran mirarlo? (Esa fue una investidura de gloria tan poderosa que tuvo que cubrirla con un velo). El sacrificio puede hacer todo esto y más.

Seguro que la voz de Josué clama por ti. Estaba dispuesto a dar su vida en sacrificio, ir a la batalla y conquistar la tierra de Canaán. Su sacrificio le permitió conquistar siete reinos y naciones, mandar al sol y a la luna que se detuvieran en sus lugares y le obedecían.

Si las voces de estos hombres no te hablan, entonces quizás la voz de Rut demuestre que el sacrificio es el camino al éxito. Después de que el esposo y los dos hijos de Noemí murieron, ella le dijo a Rut que se fuera y regresara a su propio país, pueblo, nación y dioses. Rut se negó y en su lugar eligió el sacrificio y dijo: *"No me ruegues que te deje, y me aparte de ti; porque a dondequiera que tú fueres, iré yo, y dondequiera que vivieres, viviré. Tu pueblo será mi pueblo, y tu Dios mi Dios."* (Rut 1:16) Y debido a este sacrificio, leemos sobre ella en la genealogía de Jesús, una mujer que fue injertada en el linaje del Salvador.

Ciertamente, si la voz de Rut no es lo suficientemente convincente, la voz de Samuel nos grita sobre el poder del sacrificio. *"Y todo Israel, desde Dan hasta Beerseba, conoció que Samuel era fiel profeta de Jehová."* (1 Samuel 3:20) Dios no permitió que ninguna de sus palabras cayera a tierra a causa de su sacrificio. Cuando sus hermanos estaban en el mundo comiendo y bebiendo, él dormía y servía en la presencia de Dios. Su sacrificio le produjo el dulce fruto de la grandeza del que leemos a lo largo del libro de Primero de Samuel.

Si no es la voz de Samuel, entonces David clama a ti… que estuvo dispuesto a sacrificarse estando solo, separado de sus hermanos, padre, y la comodidad de su hogar. Se sacrificó en el desierto durante las noches frías y los días calurosos mientras el sol golpeaba su frente. Se sacrificó mientras los leones y los osos trataban de atacarlo a él y a sus ovejas. Debido a su sacrificio, Dios le enseñó y lo trajo a Su presencia. El Señor le enseñó a pelear y matar gigantes como Goliat. Dios le enseñó a pastorear, no solo a las ovejas, sino a su pueblo sobre el cual sería rey en la casa de Israel. Hasta el día de hoy lo conocemos como el gran rey David.

Les digo que el tiempo no me permitirá explicar en detalle a lo largo de estas páginas a todos aquellos que se sacrificaron y vieron los resultados y el buen fruto de ello. Porque ciertamente, el sacrificio hace que Dios se manifieste.

> Mas Salomón amó a Jehová, andando en los estatutos de su padre David… E iba el rey a Gabaón, porque aquel era el lugar alto principal, y sacrificaba allí; mil holocaustos sacrificaba Salomón sobre aquel altar. Y se le apareció Jehová a Salomón en Gabaón una noche en sueños, y le dijo Dios: Pide lo que quieras que yo te dé.

(1 Reyes 3:3-5)

El rey David, su padre, había proclamado que él era el próximo en heredar el trono. Los ancianos y los hombres habían gritado y tenían una gran fiesta. Se habían matado bueyes y sonado las trompetas, pero nada de esto hizo que Dios apareciera. Salomón ofreció a Dios un sacrificio de mil ovejas, y debido a este sacrificio, Dios apareció y le preguntó: "¿Qué quieres que haga por ti?" Este sacrificio hizo que Dios apareciera. El reino de Salomón se estableció gracias a su sacrificio, y se convirtió en el hombre más sabio que jamás haya existido.

Si la iglesia quiere que Dios se presente con visiones frescas y un derramamiento de Su Espíritu, tendremos que aprender a vivir una vida de sacrificio. Quien preste atención a los ejemplos mostrados por los personajes bíblicos del sacrificio, verá señales y prodigios milagrosos. Las Escrituras enseñan claramente que Dios no puede ir en contra de Su Palabra. Sus principios han sido establecidos a lo largo de los siglos y Su palabra es de eternidad en eternidad. Jesús declaró, *"El cielo y la tierra pasarán, pero mis palabras no pasarán."* (Mateo 24:35)

El sacrificio no solo exige que Dios se presente, sino que Primera de los Reyes muestra que es la clave para que el fuego de Dios descienda del cielo:

> Entonces cayó fuego de Jehová, y consumió el holocausto, la leña, las piedras y el polvo, y aun lamió el agua que estaba en la zanja. (1 Reyes 18:38)

La Biblia nos explica que una vez que Elías hubo reconstruido el altar, el fuego estaba listo para descender. Tu vida de sacrificio permite que Dios haga descender fuego del cielo, y sin él no habrá fuego. El sacrificio precede al fuego; no el fuego que precede al sacrificio. Algunas personas no entienden esto. Primero, debes entrar en un lugar de sacrificio antes de que puedas ver un gran derramamiento. Este principio se demuestra en los días de la iglesia primitiva cuando vieron moverse al Espíritu de Dios al dar sus vidas como sacrificio vivo. Los santos de la antigüedad entendieron que la única forma de hacer descender fuego del cielo era presentar sacrificio en el altar. Sin eso, no podría bajar. No sólo desciende el fuego de Dios cuando hay sacrificio, sino que también desciende Su mismo Espíritu. Su Espíritu viene en medio del sacrificio. Dios se presenta donde hay sacrificio.

6
El Último Sacrificio

El fuego y el Espíritu de Dios desciende cuando hay sacrificio. Dios entiende este principio más de lo que cualquiera de nosotros jamás lo entenderá. En el Antiguo Testamento, antes de que Él viniera al mundo, en el lugar santísimo tenía que haber un sacrificio que se ofreciera. Una vez que se había ofrecido ese sacrificio, Su Espíritu vino entre la gente del mundo desde el lugar santísimo. En el Nuevo Testamento, nada cambió, porque sabemos que Dios ofreció y presentó el último sacrificio, Jesucristo. Fue ofrecido a Dios como un cordero inmaculado que fue inmolado, un cordero sin mancha ni arruga. Desde antes de la fundación de la tierra (Apocalipsis 13:8) y sobre este gran sacrificio, se desató el Espíritu del Señor en un día de Pentecostés para que los apóstoles y los 120 fueran llenos del Espíritu Santo y hablaran las maravillas de Dios. Note que esto no vino antes del sacrificio. Jesús tuvo que ser ofrecido primero como sacrificio, y luego este sacrificio liberó el Espíritu de Dios del Cielo para que viniera en medio de nosotros. Él fue el último sacrificio. Esto no significa que ya no necesitamos sacrificarnos ya que Él ha quitado nuestro pecado. Pedro dice específicamente que Él es nuestro ejemplo y que debemos seguir sus pasos. Creo que hemos confundido el asunto y pensamos que porque Él ofreció el sacrificio perfecto que quitó los pecados del mundo, ahora no necesitamos sacrificarnos. Eso no es lo que dicen las Escrituras. Dicen que Él es nuestro ejemplo y que debemos seguir sus pasos. Los apóstoles hicieron exactamente eso. ¿No subieron antes de que el Espíritu fuera liberado en el día de Pentecostés para esperar y llorar durante diez días en el Aposento Alto? Ofrecieron sus cuerpos como sacrificio vivo, santo y agradable a Dios, y luego fueron llenos del Espíritu de lo alto.

Pablo se fue al desierto durante tres años y esperó que Dios le diera revelación y perspicacia.

Revelar a su Hijo en mí, para que yo le predicase

entre los gentiles, no consulté en seguida con carne y sangre, ni subí a Jerusalén a los que eran apóstoles antes que yo; sino que fui a Arabia, y volví de nuevo a Damasco. (Gálatas 1:16-17)

Hasta el día de hoy leemos acerca de las revelaciones de Pablo de Cristo dentro de sus epístolas.

Juan fue a la isla de Patmos y se sacrificó entregándose a la oración y esperando tranquilamente en Dios en soledad hasta que el Señor le dio la revelación completa de lo que estaba por venir. Recibió una visión divina, no solo de sus tres epístolas y el cuarto evangelio, sino también del apocalipsis del tiempo del fin.

Estos tres hombres entendieron que Jesús era el ejemplo y que debemos seguirlo. Estos hombres entendieron que la razón por la que Jesús vino fue para mostrarnos el camino, la verdad y la vida. (Juan 14:6) Jesús nos mostró que cualquiera que venga en pos de Él debe negarse a sí mismo, tomar su cruz y seguirlo. ¿Con que? ¡Sacrificio! Jesús dijo,

Las zorras tienen guaridas, y las aves del cielo nidos; más el Hijo del Hombre no tiene dónde recostar su cabeza." (Mateo 8:20)

Les dijo que el costo del discipulado sería el sacrificio. Para ser pescador de hombres hay que sacrificarse. Tuvieron que sacrificarse como los que salen en los barcos de pesca y se quedan toda la noche sin dormir para pescar algún pez. En otras palabras, tienes que estar dispuesto a sacrificar algunas cosas para poder atrapar a los hombres para el reino de los cielos. Tomemos el camino del Maestro, porque no es mayor el siervo que su amo. Es suficiente que cada siervo sea como su amo.

De cierto, de cierto os digo: El siervo no es mayor que su señor, ni el enviado es mayor que el que le envió. (Juan 13:16)

Si el Maestro, Jesús, tuvo que sacrificar, ¿cuánto más nosotros tenemos que hacerlo? Si Él sacrificó cuarenta días y cuarenta noches en el desierto, solo con las bestias y sin comida para establecer el fundamento de Su ministerio, ¿cuánto más nosotros? Bebemos la iniquidad como agua (Job 15:16) y nuestro fundamento está en el polvo (Job 4:9). Abracemos el sacrificio para que podamos seguir el ejemplo de los apóstoles, los diáconos, los ancianos y el Obispo y Obispo de nuestras almas - Jesucristo.

7
¿Cuál Debe Ser Nuestro Sacrificio?

Las Escrituras dicen claramente en Romanos que debemos presentar nuestros cuerpos como sacrificio vivo:

> Así que, hermanos, os ruego por las misericordias de Dios, que presentéis vuestros cuerpos en sacrificio vivo, santo, agradable a Dios, que es vuestro culto racional... Digo, pues, por la gracia que me es dada, a cada cual que está entre vosotros, que no tenga más alto concepto de sí que el que debe tener, sino que piense de sí con cordura, conforme a la medida de fe que Dios repartió a cada uno. (Romanos 12:1, 3)

Nuestros sacrificios ahora no deben ser bueyes, ovejas o toros como en el Antiguo Testamento. El sacrificio debe ser nuestros cuerpos. Nuestros cuerpos son el primer sacrificio que debemos ofrecer a Dios, pero ¿qué significa eso? Necesitamos estar sujetos a la sumisión, como lo hizo Pablo, ayunando, orando, leyendo la Palabra y restringiendo a la carne de hacer lo que le place. Tú sabes que nada bueno mora en nosotros, eso está en nuestra carne.

Cuando ofreces tu cuerpo como sacrificio vivo, lo sometes a oración porque tu cuerpo no desea las disciplinas espirituales. No desea esperar en Dios. No desea ser el templo de Dios. Debes disciplinar el cuerpo. Tienes que sacrificarlo. El cuerpo no lo hará por sí mismo, así que tienes que hacer que lo haga. El cuerpo se entrega a los deseos de este mundo. *"Porque todo lo que hay en el mundo, los deseos de la carne, los deseos de los ojos, y la vanagloria de la vida, no proviene del Padre, sino del mundo."* (1 Juan 2:16) Tienes que someter tu cuerpo a buscar el Espíritu del Dios vivo. Jesús dijo a sus discípulos: *"El espíritu a la verdad está dispuesto, pero la carne es débil."* (Mateo 26:41) Tenemos que sujetar nuestros cuerpos; entrégalo a la disciplina de la soledad, entrégalo a la disciplina de la espera en Dios. Esto es a tu favor. Serás más que un simple cristiano, sino un hombre (o mujer) a través del cual el Espíritu de Dios puede mover fácilmente y usar para Su gloria.

Lleva tu cuerpo a la disciplina de la oración. Va ser un sacrificio. Al principio, puede sentir que es un deber tedioso. Si continúas sacrificándote y sometiendo tu cuerpo a la oración, te digo que llegarás a un lugar donde se convierte en un hábito que madura a una disciplina. Si permaneces en esta disciplina, se convertirá en una delicia. Luego, a través de su sacrificio y disciplina, se convierte en un hábito incluso en su propio cuerpo y se convertirá en una segunda naturaleza para usted.

Cuando se trata de ayunar... para peligro de la iglesia, ha perdido su énfasis en el ayuno. Cada vez más vemos que la nueva generación no entiende lo que es el ayuno. No se entiende que ayunar es abstenerse de cualquier cosa que entre o salga. Por lo tanto, nos falta la disciplina del ayuno. Porque muestra que no hay poder ni sacrificio. Jesús dice claramente en Su evangelio que hay clases de demonios y principados que no salen sin ayunar y orar.

> Cuando él entró en casa, sus discípulos le preguntaron aparte: ¿Por qué nosotros no pudimos echarle fuera? Y les dijo: Este género con nada puede salir, sino con oración y ayuno. (Marcos 9:28-29)

Esto les estaba diciendo a los discípulos que necesitaban hacer un poco más de lo que estaban haciendo. La clave del éxito es que, si un hombre te pide que vayas una milla, debes ir dos con él. Da siempre más de lo que se te pide, y tu cabeza llevará siempre la corona del éxito. Haz de estos principios una parte de tu vida y te prosperarán y te impulsarán a alturas que nunca podrás comprender o imaginar. Seguramente, la disciplina de esperar en Dios y estar a solas con Él está en peligro en una generación donde todo está dirigido por los medios y la comunicación se te ofrece en segundos y cada segundo. Puede acceder al mundo a través de Internet y saber lo que está sucediendo al instante. Siempre hay una distracción que te impide estar a solas con Dios. Puedes encontrarte solo en una habitación con Dios, pero tu teléfono aún está encendido, así que no estás solo porque cualquiera puede acceder a ti. Puedes estar solo en casa con Dios, pero tu televisor está encendido, así que no estás solo con Él en soledad. Hemos perdido el sacrificio de estar solos para poder escuchar desde el cielo e informar a la tierra. La falta de estos sacrificios es la razón por la cual la iglesia es tan flojo y débil.

Mientras nos falta poder, unción, autoridad, conocimiento, revelación, comprensión e iluminación, todo el mundo está preocupado por lo que está haciendo el próximo hombre en lugar de preocuparse por lo que Dios está haciendo. Seguramente, es un truco del enemigo para evitar que sacrifiquemos nuestro cuerpo, que es el templo mismo de Dios. ¿No sabéis que sois templo del Espíritu Santo, que vuestro cuerpo no es vuestro, que fue comprado con la sangre preciosa de Jesucristo? Ciertamente, debes ofrecer tu sacrificio con alabanza, porque Dios nos ha decorado y formado para alabarle. Él merece nuestra alabanza y se deleita en nuestra alabanza, porque somos hechura de Dios. No fue suficiente que Dios nos haya creado. Después de que lo desobedecemos, Él nos redimió. Y después de que nos redimió por medio de la sangre de Jesucristo, nos llenó con su dulce Espíritu Santo. Él comenzó nuestra vida, sostiene nuestra vida y nos llevará a la vida eterna. Mi pregunta ahora es: *"¿Cómo no podemos, con cada fibra de nuestro ser, alabar a Dios y darle toda la gloria y toda la alabanza?"* Él merece el sacrificio de nuestra alabanza tal como está escrito en Hebreos:

Así que, ofrezcamos siempre a Dios, por medio de él, sacrificio de alabanza, es decir, fruto de labios que confiesan su nombre. (Hebreos 13:15)

Él es digno. Él es el Hacedor y el Dueño de los cielos, la tierra, los océanos y todo lo que hay en ellos. Debemos alabar a Dios con todo nuestro ser y no negarnos a darle el fruto de nuestros labios que es el sacrificio de nuestra alabanza. ¡Gracias Jesús! ¡Aleluya! Sé que mientras lee estas páginas, tiene algo por lo que puede detenerse y alabar a Dios.:

Si por casualidad pierdes tu auto,
> entonces lo alabas por tu casa.

Si pierdes tu casa,
> entonces alábalo por la comida que tienes para alimentar a tu familia.

Si no tienes comida,
> entonces puedes agradecerle y alabarle por el amor que tienes de tu familia.

Si por casualidad pierdes a tu familia,
> puedes agradecerle y alabarle por cada miembro de tu cuerpo que funciona y funciona correctamente.

Si pierdes los pies,
> puedes agradecerle por tus manos.

Si pierdes las manos,
> puedes agradecerle por tus oídos.

Si pierdes las orejas,
> puedes agradecerle por tus ojos.

Si pierdes los ojos,

> puedes agradecerle por tu boca.

Si pierdes la boca,

> puedes agradecerle por tu vida.

¿Cuántos no pueden hablar, no pueden ver, no pueden oír, no pueden tocar, no pueden caminar, porque ya no tienen vida, sino que están en una tumba? Te das cuenta, ¡siempre hay algo por lo que alabar a Dios! Él merece el sacrificio de nuestra alabanza.

Finalmente, está el sacrificio de nuestro servicio en Hebreos el capítulo 13 en el versículo 16:

> Y de hacer bien y de la ayuda mutua no os olvidéis; porque de tales sacrificios se agrada Dios.

La verdad del asunto es que no eres dueño de ti mismo. No estás respirando porque quieres, sino porque Dios te lo permite. Las Escrituras dicen en Job que, si Él quitara Su aliento y quitará Su Espíritu, toda carne volverá al polvo. (Job 34:14, 15.) ¿En qué categoría encajamos? Debes dar a Dios tu mejor servicio, un sacrificio de tu servicio. ¿No ha dado Él el sacrificio de Su servicio? ¿Habríamos leído acerca de Elías dando un sacrificio de su servicio? ¿Habríamos leído acerca de Eliseo dando un sacrificio de su servicio? ¿Habríamos leído acerca de Ester, si ella no hubiera ofrecido un sacrificio de su servicio? ¿Podríamos haber leído acerca de Nehemías, si él no hubiera dado un sacrificio de su servicio?

¿Podríamos haber leído acerca de Jesús, si Él no hubiera dado un sacrificio de Su servicio? ¿Podríamos haber oído hablar de los apóstoles, si ellos no hubieran dado un sacrificio de su servicio? ¿Podríamos haber leído acerca de Pablo, si él no hubiera dado el sacrificio de su servicio? Te das cuenta, el fruto se muestra a lo largo de las edades. No necesitamos cosechar nada de Dios. No necesitamos que nadie nos elogie ni que nadie diga cosas buenas de nosotros por el sacrificio de nuestro servicio, porque Él es digno de nuestro servicio sin que recibamos nada a cambio.

Sin embargo, tiene que haber un misterio en el

sacrificio que no puedo explicar completamente y no creo que alguna vez pueda hacerlo. El sacrificio siempre conlleva un crédito o recompensa. La recompensa es la otra cara del sacrificio, pero, sin embargo, vienen en la misma moneda. Cuando le demos a Dios el sacrificio de nosotros mismos, despertaremos el cambio en este mundo.

8
El Tamaño De Tu Sacrificio

Algunos de nosotros creemos que ya nos estamos sacrificando, y no discuto con eso. Pero diré que las Escrituras sin duda muestran que hay diferentes tamaños de sacrificio. Salomón, en Proverbios 22:29, dice: *"¿Has visto hombre solícito en su trabajo? Delante de los reyes estará; No estará delante de los de baja condición."* Pedro le dijo a Jesús,

> Entonces Pedro comenzó a decirle: He aquí, nosotros lo hemos dejado todo, y te hemos seguido. Respondió Jesús y dijo: De cierto os digo que no hay ninguno que haya dejado casa, o hermanos, o hermanas, o padre, o madre, o mujer, o hijos, o tierras, por causa de mí y del evangelio, que no reciba cien veces más ahora en este tiempo; casas, hermanos, hermanas, madres, hijos, y tierras, con persecuciones; y en el siglo venidero la

vida eterna. (Marcos 10:28-30)

Pedro entendió la idea de darlo todo porque había una diferencia en el tamaño del sacrificio. Sin embargo, parece que el sacrificio de Pablo fue aún mayor que el de los apóstoles y Pedro. Ni siquiera se atrevió a tomar una esposa para poder dedicarse totalmente al evangelio. Entonces, ¿cuál es la ventaja de los diferentes tamaños de su sacrificio? La ventaja es que el tamaño de tu sacrificio determina el tamaño de tu fuego. Si enciendes un fósforo, obtienes la llama de un fósforo. Ahora, si enciendes una antorcha, obtienes la llama de una antorcha. Sin embargo, si enciendes un campo o un bosque, obtienes la llama de un campo o bosque. El tamaño de tu sacrificio determina el tamaño de tu llama.

Dios muestra claramente a través de las Escrituras que Él no hace acepción de personas, sino que trata y da a cada uno según lo que ha sembrado. ¿No es extraño que otros rostros no pudieran ser iluminados e iluminados como el rostro de Moisés entre los hijos de Israel? Nadie más estaba dispuesto a renunciar a lo que él renunció y andar cuarenta días y cuarenta noches y quedarse ante el monte de Dios esperando recibir los mandamientos: no solo una, sino dos veces. Su sacrificio fue mayor, por lo que su fuego fue mayor.

Esta no es la única recompensa en cuanto al tamaño de su sacrificio. El tamaño de tu sacrificio también determina el tamaño de tu percepción. Pablo dijo que no consultó con carne y sangre; no habló con hombres que previamente habían sido apóstoles cuando se convirtió. En cambio, fue directamente al desierto y esperó en Dios mismo. Sacrificó noches solitarias por sí mismo, pero recibió su visión y revelación directamente del cielo. Un resultado directo del tamaño de su sacrificio fue la percepción que recibió que otros no tenían. Porque dijo en 2 Corintios en el capítulo 12,

> Y conozco al tal hombre (si en el cuerpo, o fuera del cuerpo, no lo sé; Dios lo sabe), que fue arrebatado al paraíso, donde oyó palabras inefables que no le es dado al hombre expresar.

Ves, él tuvo el conocimiento que otros no tenían. ¿Por qué? No porque Dios tenga acepción de personas, sino por los sacrificios que hizo. Dios es justo y su justicia exige devolver al hombre de medida por medida. En otras palabras, las medidas que encuentres se te volverán a medir. El sacrificio permite tener una mayor intuición. Otros individuos tenían los mismos privilegios que él, pero simplemente no estaban dispuestos a sacrificar tanto como él.

El tamaño de tu sacrificio también determina el tamaño de tu experiencia. Pedro estuvo dispuesto a sacrificar su vida, saliendo de la barca para caminar sobre el agua hacia Jesús. Como resultado de su disposición a sacrificar ahogamientos repetidos, tuvo una experiencia que ninguno de los otros apóstoles tuvo. El nivel de sacrificio determina el nivel de experiencia. Juan (el Amado) estaba estacionado en la isla de Patmos y allí se sacrificó y esperó en Dios. Tuvo una experiencia celestial donde vio cosas que ningún otro apóstol había visto. Tuvo una experiencia basada en su sacrificio, porque el nivel de sacrificio determina el nivel de experiencia. Hay mucha gente teológica en la iglesia, pero falta gente profunda. Hay un montón de gente con entendimiento de temas teológicos, pero les falta entendimiento de cosas espirituales porque no tienen experiencia. No se han sacrificado para tener una experiencia. Simplemente quedan fascinados con las palabras reunidas por un buen predicador sin unción porque donde no hay experiencia no hay unción.

El tamaño de tu sacrificio no solo determina el tamaño de tu experiencia, sino que también determina el tamaño de tu poder. Esto se demuestra por el hecho mismo de que no todas las personas pudieron invocar el cielo y cerrarlo como lo hizo Elías. No todos los hombres podían invocar al cielo y hacer descender el maná como lo hizo Moisés. No todos los hombres podían enviar pañuelos y los demonios huían y la gente se curaba como Pablo. No todos los hombres podían llamar a los muertos como Pedro. No todos los hombres podían enviar una palabra y sanar a la gente como lo hizo Jesús. ¿Por qué? Por el tamaño de su sacrificio. El tamaño de tu sacrificio determina el tamaño de tu poder. Donde no hay sacrificio, no hay poder y esa es la razón última por la que falta poder desde el púlpito en este siglo XXI. En el siglo XXI, hay demasiada complacencia y comodidad. El nivel de complacencia, comodidad, distracción y corrupción que nos rodea nos ha desviado del principio básico del sacrificio. Los púlpitos se han desviado del sacrificio porque están distraídos. Se consuelan en la complacencia, y como no hay sacrificio, no hay poder. Dado que no hay poder que fluya desde el púlpito, no hay poder que fluya hacia los bancos... así que no hay poder en la iglesia. El que sacrifica, tiene poder. El que quiere poder (ver gente liberada) se sacrifica. Así como ora el que no quiere pecar, así peca el que no quiere orar.

Entonces, ¿queremos ver un avivamiento? ¿Queremos ver un despertar? ¿Queremos ver un temblor en la iglesia? Tenemos que volver al principio del sacrificio para obtener poder del cielo. Tenemos que esperar en Dios como les dijo a los apóstoles.

He aquí, yo enviaré la promesa de mi Padre sobre vosotros; pero quedaos vosotros en la ciudad de

Jerusalén, hasta que seáis investidos de poder desde lo alto. (Lucas 24:49) Pero recibiréis poder, cuando haya venido sobre vosotros el Espíritu Santo, y me seréis testigos en Jerusalén, en toda Judea, en Samaria, y hasta lo último de la tierra.. (Hechos 1:8)

El poder está en el seno de los que se sacrifican. El poder, el verdadero poder espiritual reside en el corazón de quien sabe esperar. A menos que volvamos a este principio, careceremos y seguiremos careciendo. Sangraremos e iremos a muchos médicos como la mujer con el flujo de sangre y nunca seremos sanados porque hemos desechado el principio del sacrificio. No solo sangraremos desde los púlpitos porque nos falta poder, sino que debemos tener la medicina adecuada para sanar a todos los que están viniendo a las iglesias, sangrando por las heridas que les ha hecho el mundo. Dios no ha cambiado:

Porque yo Jehová no cambio; por esto, hijos de

Jacob, no habéis sido consumidos. (Malaquías 3:6)

Dios no ha cambiado. Entonces, ¿dónde están los milagros que experimentaron los apóstoles? ¿Dónde está la unción con la que predicaron? ¿Dónde está la autoridad con la que hablaron? ¿Dónde están los regalos en los que operaron? Todavía están aquí, pero hemos cambiado. Hemos hecho la pregunta equivocada; porque en el seno del hombre yace la pregunta: "¿Dónde está el Dios de Elías que cerró los cielos? ¿Dónde está el Dios de Moisés que convirtió las aguas de Egipto en sangre y abrió el Mar Rojo? ¿Dónde está el Dios de Daniel que cerró la boca de los leones? ¿Dónde está el Dios de los tres niños hebreos que los libró del fuego y del horno de fuego? ¿Dónde está el Dios de los apóstoles que ganó multitudes a la vez, sacudió naciones enteras, áreas y ciudades enteras para la gloria de Jesucristo?

Esas son las preguntas equivocadas. En lugar de preguntar, "*¿Dónde está el Dios de Elías?*" deberíamos preguntarnos a nosotros mismos y a la iglesia: "¿Dónde están los que sacrificarán como Elías... y Moisés... y

Daniel... y los apóstoles?"

Sobre El Autor

El evangelista Matías Rojas es un hombre lleno de espíritu que está siendo usado poderosamente para alcanzar a los perdidos para el Reino de Dios. Ha dedicado los últimos 16 años de su vida al ministerio de tiempo completo. El evangelista Matías estudió en Zion Bible College (ahora Northpoint Bible College) y se graduó con una doble licenciatura. También asistió al Seminario Teológico de Asbury en el M.Div. programa. A medida que ha estudiado para mostrarse aprobado, el Señor lo ha estado usando poderosamente de costa a costa en la nación y también a nivel internacional. Algunos de los lugares donde ha estado para predicar el Evangelio son: República Dominicana, Haití, Tanzania, Burundi, Puerto Rico, Guatemala, India, Dubai, Corea del Sur, Liberia, Colombia, Canadá, Panamá y México.

El evangelista Matías dirige equipos misioneros a las naciones todos los meses para realizar cruzadas evangelísticas y servir a los grupos demográficos más vulnerables. Clínicas dentales, obsequios de abarrotes, financiamiento de escuelas y orfanatos, y la distribución de ropa, laptops, estufas, refrigeradores, lavadoras, motos y autos son algunas de las actividades que utiliza para llegar a las naciones. En 2021, el evangelista Matías pudo completar con éxito 12 cruzadas, predicar a más de 45, 000 personas en otras naciones y vio más de 25, 000 salvaciones acompañadas de sanidades, señales y prodigios. Ministerio MORE financia una escuela cristiana en República Dominicana que educa a más de 200 niños. El ministerio también tiene actualmente 9 iglesias bajo su cobertura en varios lugares.

El evangelista Matías está casado con su esposa, la pastora Lydia Rojas, y tienen tres hermosos hijos, Jeremiah, Sophia y Wonderful Grace Rojas. El evangelista Matias y la pastora Lydia forman parte del personal de la Iglesia Casa de Oración de Waterbury, CT, bajo la cobertura espiritual del pastor James y Verna Lilley. Residen en Terryville, Connecticut, donde han establecido la sede de su ministerio y organizan conferencias mensuales de asociación.

También por Matías Rojas

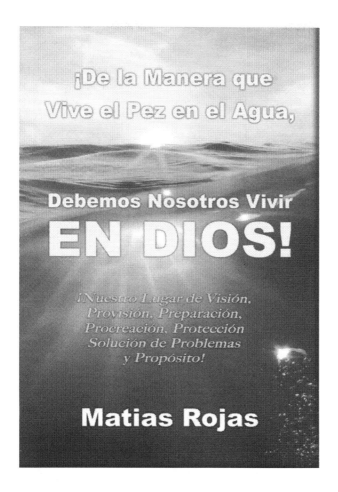

¡Debemos vivir en Dios, nuestro lugar de visión, provisión, preparación, procreación, protección, resolución de problemas y propósito! (Disponible en Amazon.com)

WWW.MIMINISTRIES.ORG

Made in the USA
Middletown, DE
01 April 2023

27487587R00033